中华人民共和国统计法
中华人民共和国统计法实施条例

中国法治出版社

中华人民共和国统计法
中华人民共和国统计法实施条例
ZHONGHUA RENMIN GONGHEGUO TONGJIFA
ZHONGHUA RENMIN GONGHEGUO TONGJIFA SHISHI TIAOLI

经销/新华书店
印刷/保定市中画美凯印刷有限公司
开本/850毫米×1168毫米　32开　　　　印张/1.25　字数/15千
版次/2024年9月第1版　　　　　　　　　2024年9月第1次印刷

中国法治出版社出版
书号 ISBN 978-7-5216-4739-6　　　　　　　　　定价：6.00元

北京市西城区西便门西里甲16号西便门办公区
邮政编码 100053　　　　　　　　　　　　传真：010-63141600
网址：http://www.zgfzs.com　　　　　编辑部电话：010-63141673
市场营销部电话：010-63141612　　　　印务部电话：010-63141606

（如有印装质量问题，请与本社印务部联系。）

目 录

中华人民共和国统计法 ……………………（1）
中华人民共和国统计法实施条例 ……………（20）

中华人民共和国统计法

（1983年12月8日第六届全国人民代表大会常务委员会第三次会议通过 根据1996年5月15日第八届全国人民代表大会常务委员会第十九次会议《关于修改〈中华人民共和国统计法〉的决定》第一次修正 2009年6月27日第十一届全国人民代表大会常务委员会第九次会议修订 根据2024年9月13日第十四届全国人民代表大会常务委员会第十一次会议《关于修改〈中华人民共和国统计法〉的决定》第二次修正）

目 录

第一章 总　　则
第二章 统计调查管理
第三章 统计资料的管理和公布

第四章　统计机构和统计人员
第五章　监督检查
第六章　法律责任
第七章　附　　则

第一章　总　　则

第一条　为了科学、有效地组织统计工作，保障统计资料的真实性、准确性、完整性和及时性，加强统计监督，发挥统计在了解国情国力、服务经济社会高质量发展中的重要作用，推动全面建设社会主义现代化国家，制定本法。

第二条　本法适用于各级人民政府、县级以上人民政府统计机构和有关部门组织实施的统计活动。

统计的基本任务是对经济社会发展情况进行统计调查、统计分析，提供统计资料和统计咨询意见，实行统计监督。

第三条　统计工作坚持中国共产党的领导。

国家建立集中统一的统计系统，实行统一领导、分级负责的统计管理体制。

第四条　国务院和地方各级人民政府、各有关部门应当加强对统计工作的组织领导，为统计工作提供必要的保障。

第五条 国家加强统计科学研究，根据经济社会发展的新情况，健全科学合理的统计标准和统计指标体系，将新经济新领域纳入统计调查范围，并不断改进统计调查方法，提高统计的科学性。

国家有计划地加强统计信息化建设，推动现代信息技术与统计工作深度融合，促进统计信息搜集、处理、传输、共享、存储技术和统计数据库体系的现代化。

第六条 国家构建系统完整、协同高效、约束有力、权威可靠的统计监督体系。

统计机构根据统计调查制度和经批准的计划安排，对各地区、各部门贯彻落实国家重大经济社会政策措施情况、履行统计法定职责情况等进行统计监督。

第七条 统计机构和统计人员依照本法规定独立行使统计调查、统计报告、统计监督的职权，不受侵犯。

地方各级人民政府、县级以上人民政府统计机构和有关部门以及各单位的负责人，不得自行修改统计机构和统计人员依法搜集、整理的统计资料，不得以任何方式要求统计机构、统计人员及其他机构、人员伪造、篡改统计资料，不得明示、暗示下级单位及其人员或者统计调查对象填报虚假统计数据，不得对依法履行职责或者拒绝、抵制统计违法行为的单位和个人打击报复。

第八条　国家机关、企业事业单位和其他组织以及个体工商户和个人等统计调查对象，必须依照本法和国家有关规定，真实、准确、完整、及时地提供统计调查所需的资料，不得提供不真实或者不完整的统计资料，不得迟报、拒报统计资料。

第九条　地方各级人民政府、县级以上人民政府统计机构和有关部门应当根据国家有关规定，将防范和惩治统计造假、弄虚作假纳入依法行政、依法履职责任范围，建立健全相关责任制，加强对领导干部统计工作的考核管理，依法对统计造假、弄虚作假行为追究法律责任。

第十条　统计工作应当接受社会公众的监督。任何单位和个人有权检举统计中弄虚作假等违法行为。对检举有功的单位和个人应当给予表彰和奖励。

第十一条　统计机构和统计人员对在统计工作中

知悉的国家秘密、工作秘密、商业秘密、个人隐私和个人信息，应当予以保密，不得泄露或者向他人非法提供。

第十二条 任何单位和个人不得利用虚假统计资料骗取荣誉称号、物质利益或者职务职级等晋升。

第二章 统计调查管理

第十三条 统计调查项目包括国家统计调查项目、部门统计调查项目和地方统计调查项目。

国家统计调查项目是指全国性基本情况的统计调查项目。部门统计调查项目是指国务院有关部门的专业性统计调查项目。地方统计调查项目是指县级以上地方人民政府及其部门的地方性统计调查项目。

国家统计调查项目、部门统计调查项目、地方统计调查项目应当明确分工，互相衔接，不得重复。

第十四条 国家统计调查项目由国家统计局制定，或者由国家统计局和国务院有关部门共同制定，报国务院备案；重大的国家统计调查项目报国务院审批。

部门统计调查项目由国务院有关部门制定。统计调查对象属于本部门管辖系统的，报国家统计局备案；统计调查对象超出本部门管辖系统的，报国家统计局审批。

地方统计调查项目由县级以上地方人民政府统计机构和有关部门分别制定或者共同制定。其中，由省级人民政府统计机构单独制定或者和有关部门共同制定的，报国家统计局审批；由省级以下人民政府统计机构单独制定或者和有关部门共同制定的，报省级人民政府统计机构审批；由县级以上地方人民政府有关部门制定的，报本级人民政府统计机构审批。

第十五条 统计调查项目的审批机关应当对调查项目的必要性、可行性、科学性进行审查，对符合法定条件的，作出予以批准的书面决定，并公布；对不符合法定条件的，作出不予批准的书面决定，并说明理由。

第十六条 制定统计调查项目，应当同时制定该项目的统计调查制度，并依照本法第十四条的规定一并报经审批或者备案。

统计调查制度应当对调查目的、调查内容、调查方法、调查对象、调查组织方式、调查表式、统计资料的报送和公布等作出规定。

统计调查应当按照统计调查制度组织实施。变更统计调查制度的内容，应当报经原审批机关批准或者原备案机关备案。

第十七条 统计调查表应当标明表号、制定机关、批准或者备案文号、有效期限等标志。

对未标明前款规定的标志或者超过有效期限的统计调查表，统计调查对象有权拒绝填报；县级以上人民政府统计机构应当依法责令停止有关统计调查活动。

第十八条 搜集、整理统计资料，应当以周期性普查为基础，以经常性抽样调查为主体，综合运用全面调查、重点调查等方法，并充分利用行政记录、社会大数据等资料。

重大国情国力普查由国务院统一领导，国务院和地方人民政府组织统计机构和有关部门共同实施。

第十九条 国家制定统一的统计标准，保障统计调查采用的指标涵义、计算方法、分类目录、调查表式和统计编码等的标准化。

国家统计标准由国家统计局制定，或者由国家统计局和国务院标准化主管部门共同制定。

国务院有关部门可以制定补充性的部门统计标准，报国家统计局审批。部门统计标准不得与国家统计标准相抵触。

第二十条 国家实施统一的国民经济核算制度。

国家统计局统一组织和实施地区生产总值核算工作。

第二十一条 县级以上人民政府统计机构根据统计任务的需要，可以在统计调查对象中推广使用计算机网络报送统计资料。

第二十二条 县级以上人民政府应当将统计工作所需经费列入财政预算。

重大国情国力普查所需经费，由国务院和地方人民政府共同负担，列入相应年度的财政预算，按时拨付，确保到位。

第三章 统计资料的管理和公布

第二十三条 县级以上人民政府统计机构和有关部门以及乡、镇人民政府，应当按照国家有关规定建立统计资料的保存、管理制度。

县级以上人民政府统计机构和有关部门建立健全统计信息共享机制，明确统计信息的共享范围、标准和程序。

第二十四条　国家机关、企业事业单位和其他组织等统计调查对象，应当按照国家有关规定设置原始记录、统计台账，推动统计台账电子化、数字化、标准化，建立健全统计资料的审核、签署、报送、归档等管理制度。

统计资料的审核、签署人员应当对其审核、签署的统计资料的真实性、准确性和完整性负责。

第二十五条　县级以上人民政府有关部门应当及时向本级人民政府统计机构提供统计所需的行政记录资料和国民经济核算所需的财务资料、财政资料及其他资料，并按照统计调查制度的规定及时向本级人民政府统计机构报送其组织实施统计调查取得的有关资料。

县级以上人民政府统计机构应当及时向本级人民政府有关部门提供有关统计资料。

第二十六条　县级以上人民政府统计机构按照国家有关规定，定期公布统计资料。

国家统计数据以国家统计局公布的数据为准。

第二十七条　县级以上人民政府有关部门统计调查取得的统计资料，由本部门按照国家有关规定公布。

第二十八条　统计调查中获得的能够识别或者推

断单个统计调查对象身份的资料,任何单位和个人不得对外提供、泄露,不得用于统计以外的目的。

第二十九条 县级以上人民政府统计机构和有关部门统计调查取得的统计资料,除依法应当保密的外,应当及时公开,供社会公众查询。

第四章 统计机构和统计人员

第三十条 国务院设立国家统计局,依法组织领导和协调全国的统计工作。

国家统计局根据工作需要设立的派出调查机构,承担国家统计局布置的统计调查等任务。

县级以上地方人民政府设立独立的统计机构,乡、镇人民政府设置统计工作岗位,配备专职或者兼职统计人员,依法管理、开展统计工作,实施统计调查。

第三十一条 县级以上人民政府有关部门根据统计任务的需要设立统计机构,或者在有关机构中设置统计人员,并指定统计负责人,依法组织、管理本部门职责范围内的统计工作,实施统计调查,在统计业务上受本级人民政府统计机构的指导。

第三十二条 统计机构、统计人员应当依法履行职责，如实搜集、报送统计资料，不得伪造、篡改统计资料，不得以任何方式要求任何单位和个人提供不真实的统计资料，不得有其他违反本法规定的行为。

统计人员应当坚持实事求是，恪守职业道德，对其负责搜集、审核、录入的统计资料与统计调查对象报送的统计资料的一致性负责。

第三十三条 统计人员进行统计调查时，有权就与统计有关的问题询问有关人员，要求其如实提供有关情况、资料并改正不真实、不准确的资料。

统计人员进行统计调查时，应当出示县级以上人民政府统计机构或者有关部门颁发的工作证件；未出示的，统计调查对象有权拒绝调查。

第三十四条 国家实行统计专业技术职务资格考试、评聘制度，提高统计人员的专业素质，保障统计队伍的稳定性。

统计人员应当具备与其从事的统计工作相适应的专业知识和业务能力。

县级以上人民政府统计机构和有关部门应当加强对统计人员的专业培训和职业道德教育。

第五章 监督检查

第三十五条 县级以上人民政府对下级人民政府、本级人民政府统计机构和有关部门执行本法的情况，实施监督。

第三十六条 国家统计局组织管理全国统计工作的监督检查，查处重大统计违法行为。

县级以上地方人民政府统计机构依法查处本行政区域内发生的统计违法行为。但是，国家统计局派出的调查机构组织实施的统计调查活动中发生的统计违法行为，由组织实施该项统计调查的调查机构负责查处。

法律、行政法规对有关部门查处统计违法行为另有规定的，从其规定。

第三十七条 县级以上人民政府有关部门应当积极协助本级人民政府统计机构查处统计违法行为，及时向本级人民政府统计机构移送有关统计违法案件材料。

第三十八条 县级以上人民政府统计机构在调查统计违法行为或者核查统计数据时，有权采取下列措施：

（一）发出统计检查查询书，向检查对象查询有关事项；

（二）要求检查对象提供有关原始记录和凭证、统计台账、统计调查表、会计资料及其他相关证明和资料；

（三）就与检查有关的事项询问有关人员；

（四）进入检查对象的业务场所和统计数据处理信息系统进行检查、核对；

（五）经本机构负责人批准，登记保存检查对象的有关原始记录和凭证、统计台账、统计调查表、会计资料及其他相关证明和资料；

（六）对与检查事项有关的情况和资料进行记录、录音、录像、照相和复制。

县级以上人民政府统计机构进行监督检查时，监督检查人员不得少于二人，并应当出示执法证件；未出示的，有关单位和个人有权拒绝检查。

第三十九条　县级以上人民政府统计机构履行监督检查职责时，有关单位和个人应当如实反映情况，提供相关证明和资料，不得拒绝、阻碍检查，不得转移、隐匿、篡改、毁弃原始记录和凭证、统计台账、统计调查表、会计资料及其他相关证明和资料。

第六章 法律责任

第四十条 地方各级人民政府、县级以上人民政府统计机构或者有关部门、单位的负责人有下列行为之一的,由任免机关、单位或者监察机关依法给予处分,并由县级以上人民政府统计机构予以通报:

(一) 自行修改统计资料、编造虚假统计数据的;

(二) 要求统计机构、统计人员或者其他机构、人员伪造、篡改统计资料的;

(三) 明示、暗示下级单位及其人员或者统计调查对象填报虚假统计数据的;

(四) 对本地方、本部门、本单位发生的统计数据严重失实情况和严重统计违法行为失察的;

(五) 有其他统计造假、弄虚作假行为的。

对依法履行职责或者拒绝、抵制统计违法行为的单位和个人打击报复的,依照前款规定给予处分和予以通报。

第四十一条 县级以上人民政府统计机构或者有关部门有下列行为之一的,由本级人民政府、上级人民政府统计机构或者本级人民政府统计机构责令改

正,予以通报;对负有责任的领导人员和直接责任人员,由任免机关或者监察机关依法给予处分:

(一)未经批准或者备案擅自组织实施统计调查的;

(二)未经批准或者备案擅自变更统计调查制度的内容的;

(三)伪造、篡改统计资料的;

(四)要求统计调查对象或者其他机构、人员提供不真实的统计资料的;

(五)未按照统计调查制度的规定报送有关资料的。

统计人员有前款第三项至第五项所列行为之一的,责令改正,依法给予处分。

第四十二条 县级以上人民政府统计机构或者有关部门有下列行为之一的,对负有责任的领导人员和直接责任人员由任免机关或者监察机关依法给予处分:

(一)违法公布统计资料的;

(二)泄露或者向他人非法提供统计调查对象的商业秘密、个人隐私、个人信息的;

(三)对外提供、泄露在统计调查中获得的能够识别或者推断单个统计调查对象身份的资料的；

（四）违反国家有关规定，造成统计资料毁损、灭失的。

统计人员有前款所列行为之一的，依法给予处分。

第四十三条 统计机构、统计人员泄露国家秘密、工作秘密的，依法追究法律责任。

第四十四条 作为统计调查对象的国家机关、企业事业单位或者其他组织有下列行为之一的，由县级以上人民政府统计机构责令改正，给予警告，可以予以通报；其负有责任的领导人员和直接责任人员属于公职人员的，由任免机关、单位或者监察机关依法给予处分：

（一）拒绝提供统计资料或者经催报后仍未按时提供统计资料的；

（二）提供不真实或者不完整的统计资料的；

（三）拒绝答复或者不如实答复统计检查查询书的；

（四）拒绝、阻碍统计调查、统计检查的；

（五）转移、隐匿、篡改、毁弃或者拒绝提供原始记录和凭证、统计台账、统计调查表及其他相关证明和资料的。

企业事业单位或者其他组织有前款所列行为之一的，可以并处十万元以下的罚款；情节严重的，并处十万元以上五十万元以下的罚款。

个体工商户有本条第一款所列行为之一的，由县级以上人民政府统计机构责令改正，给予警告，可以并处一万元以下的罚款。

第四十五条 作为统计调查对象的国家机关、企业事业单位或者其他组织迟报统计资料，或者未按照国家有关规定设置原始记录、统计台账的，由县级以上人民政府统计机构责令改正，给予警告，可以予以通报；其负有责任的领导人员和直接责任人员属于公职人员的，由任免机关、单位或者监察机关依法给予处分。

企业事业单位或者其他组织有前款所列行为之一的，可以并处五万元以下的罚款。

个体工商户迟报统计资料的，由县级以上人民政府统计机构责令改正，给予警告，可以并处一千元以下的罚款。

第四十六条 县级以上人民政府统计机构查处统计违法行为时，认为对有关公职人员依法应当给予处分的，应当向该公职人员的任免机关、单位提出给予处分的建议,该公职人员的任免机关、单位应当依法及时作出决定,并将结果书面通知县级以上人民政府统计机构;向监察机关移送的,由监察机关按照有关规定办理。

第四十七条 作为统计调查对象的个人在重大国情国力普查活动中拒绝、阻碍统计调查,或者提供不真实或者不完整的普查资料的,由县级以上人民政府统计机构责令改正,予以批评教育。

第四十八条 违反本法规定,利用虚假统计资料骗取荣誉称号、物质利益或者职务职级等晋升的,除对其编造虚假统计资料或者要求他人编造虚假统计资料的行为依法追究法律责任外,由作出有关决定的单位或者其上级单位、监察机关取消其荣誉称号,追缴获得的物质利益,撤销晋升的职务职级等。

第四十九条 当事人对县级以上人民政府统计机构作出的行政处罚决定不服的,可以依法申请行政复议或者提起行政诉讼。对国家统计局派出的调查机构作出的行政处罚决定不服的,向国家统计局申请行政复议。

第五十条 违反本法规定,造成人身损害、财产损失的,依法承担民事责任;构成犯罪的,依法追究刑事责任。

第七章　附　　则

第五十一条　本法所称县级以上人民政府统计机构，是指国家统计局及其派出的调查机构、县级以上地方人民政府统计机构。

第五十二条　民间统计调查活动的管理办法，由国务院制定。

中华人民共和国境外的组织、个人需要在中华人民共和国境内进行统计调查活动的，应当按照国务院的规定报请审批。

利用统计调查危害国家安全、损害社会公共利益或者进行欺诈活动的，依法追究法律责任。

第五十三条　本法自 2010 年 1 月 1 日起施行。

中华人民共和国
统计法实施条例

（2017年4月12日国务院第168次常务会议通过 2017年5月28日中华人民共和国国务院令第681号公布 自2017年8月1日起施行）

第一章 总 则

第一条 根据《中华人民共和国统计法》（以下简称统计法），制定本条例。

第二条 统计资料能够通过行政记录取得的，不得组织实施调查。通过抽样调查、重点调查能够满足统计需要的，不得组织实施全面调查。

第三条 县级以上人民政府统计机构和有关部门应当加强统计规律研究，健全新兴产业等统计，完善经济、社会、科技、资源和环境统计，推进互联网、大数据、云计算等现代信息技术在统计工作中的应用，满足经济社会发展需要。

第四条 地方人民政府、县级以上人民政府统计机构和有关部门应当根据国家有关规定，明确本单位防范和惩治统计造假、弄虚作假的责任主体，严格执行统计法和本条例的规定。

地方人民政府、县级以上人民政府统计机构和有关部门及其负责人应当保障统计活动依法进行，不得侵犯统计机构、统计人员独立行使统计调查、统计报告、统计监督职权，不得非法干预统计调查对象提供统计资料，不得统计造假、弄虚作假。

统计调查对象应当依照统计法和国家有关规定，真实、准确、完整、及时地提供统计资料，拒绝、抵制弄虚作假等违法行为。

第五条 县级以上人民政府统计机构和有关部门不得组织实施营利性统计调查。

国家有计划地推进县级以上人民政府统计机构和有关部门通过向社会购买服务组织实施统计调查和资料开发。

第二章 统计调查项目

第六条 部门统计调查项目、地方统计调查项目的主要内容不得与国家统计调查项目的内容重复、矛盾。

第七条 统计调查项目的制定机关（以下简称制定机关）应当就项目的必要性、可行性、科学性进行论证，征求有关地方、部门、统计调查对象和专家的意见，并由制定机关按照会议制度集体讨论决定。

重要统计调查项目应当进行试点。

第八条 制定机关申请审批统计调查项目，应当以公文形式向审批机关提交统计调查项目审批申请表、项目的统计调查制度和工作经费来源说明。

申请材料不齐全或者不符合法定形式的，审批机关应当一次性告知需要补正的全部内容，制定机关应当按照审批机关的要求予以补正。

申请材料齐全、符合法定形式的，审批机关应当受理。

第九条 统计调查项目符合下列条件的，审批机关应当作出予以批准的书面决定：

（一）具有法定依据或者确为公共管理和服务所必需；

（二）与已批准或者备案的统计调查项目的主要内容不重复、不矛盾；

（三）主要统计指标无法通过行政记录或者已有统计调查资料加工整理取得；

（四）统计调查制度符合统计法律法规规定，科学、合理、可行；

（五）采用的统计标准符合国家有关规定；

（六）制定机关具备项目执行能力。

不符合前款规定条件的，审批机关应当向制定机关提出修改意见；修改后仍不符合前款规定条件的，审批机关应当作出不予批准的书面决定并说明理由。

第十条　统计调查项目涉及其他部门职责的，审批机关应当在作出审批决定前，征求相关部门的意见。

第十一条　审批机关应当自受理统计调查项目审批申请之日起20日内作出决定。20日内不能作出决定的，经审批机关负责人批准可以延长10日，并应当将延长审批期限的理由告知制定机关。

制定机关修改统计调查项目的时间，不计算在审批期限内。

第十二条 制定机关申请备案统计调查项目,应当以公文形式向备案机关提交统计调查项目备案申请表和项目的统计调查制度。

统计调查项目的调查对象属于制定机关管辖系统,且主要内容与已批准、备案的统计调查项目不重复、不矛盾的,备案机关应当依法给予备案文号。

第十三条 统计调查项目经批准或者备案的,审批机关或者备案机关应当及时公布统计调查项目及其统计调查制度的主要内容。涉及国家秘密的统计调查项目除外。

第十四条 统计调查项目有下列情形之一的,审批机关或者备案机关应当简化审批或者备案程序,缩短期限:

(一)发生突发事件需要迅速实施统计调查;

(二)统计调查制度内容未作变动,统计调查项目有效期届满需要延长期限。

第十五条 统计法第十七条第二款规定的国家统计标准是强制执行标准。各级人民政府、县级以上人民政府统计机构和有关部门组织实施的统计调查活动,应当执行国家统计标准。

制定国家统计标准,应当征求国务院有关部门的意见。

第三章 统计调查的组织实施

第十六条 统计机构、统计人员组织实施统计调查,应当就统计调查对象的法定填报义务、主要指标涵义和有关填报要求等,向统计调查对象作出说明。

第十七条 国家机关、企业事业单位或者其他组织等统计调查对象提供统计资料,应当由填报人员和单位负责人签字,并加盖公章。个人作为统计调查对象提供统计资料,应当由本人签字。统计调查制度规定不需要签字、加盖公章的除外。

统计调查对象使用网络提供统计资料的,按照国家有关规定执行。

第十八条 县级以上人民政府统计机构、有关部门推广使用网络报送统计资料,应当采取有效的网络安全保障措施。

第十九条 县级以上人民政府统计机构、有关部门和乡、镇统计人员,应当对统计调查对象提供的统计资料进行审核。统计资料不完整或者存在明显错误的，应当由统计调查对象依法予以补充或者改正。

第二十条　国家统计局应当建立健全统计数据质量监控和评估制度，加强对各省、自治区、直辖市重要统计数据的监控和评估。

第四章　统计资料的管理和公布

第二十一条　县级以上人民政府统计机构、有关部门和乡、镇人民政府应当妥善保管统计调查中取得的统计资料。

国家建立统计资料灾难备份系统。

第二十二条　统计调查中取得的统计调查对象的原始资料，应当至少保存2年。

汇总性统计资料应当至少保存10年，重要的汇总性统计资料应当永久保存。法律法规另有规定的，从其规定。

第二十三条　统计调查对象按照国家有关规定设置的原始记录和统计台账，应当至少保存2年。

第二十四条　国家统计局统计调查取得的全国性统计数据和分省、自治区、直辖市统计数据，由国家统计局公布或者由国家统计局授权其派出的调查机构或者省级人民政府统计机构公布。

第二十五条 国务院有关部门统计调查取得的统计数据，由国务院有关部门按照国家有关规定和已批准或者备案的统计调查制度公布。

县级以上地方人民政府有关部门公布其统计调查取得的统计数据，比照前款规定执行。

第二十六条 已公布的统计数据按照国家有关规定需要进行修订的，县级以上人民政府统计机构和有关部门应当及时公布修订后的数据，并就修订依据和情况作出说明。

第二十七条 县级以上人民政府统计机构和有关部门应当及时公布主要统计指标涵义、调查范围、调查方法、计算方法、抽样调查样本量等信息，对统计数据进行解释说明。

第二十八条 公布统计资料应当按照国家有关规定进行。公布前，任何单位和个人不得违反国家有关规定对外提供，不得利用尚未公布的统计资料谋取不正当利益。

第二十九条 统计法第二十五条规定的能够识别或者推断单个统计调查对象身份的资料包括：

（一）直接标明单个统计调查对象身份的资料；

（二）虽未直接标明单个统计调查对象身份，但是通过已标明的地址、编码等相关信息可以识别或者推断单个统计调查对象身份的资料；

（三）可以推断单个统计调查对象身份的汇总资料。

第三十条 统计调查中获得的能够识别或者推断单个统计调查对象身份的资料应当依法严格管理，除作为统计执法依据外，不得直接作为对统计调查对象实施行政许可、行政处罚等具体行政行为的依据，不得用于完成统计任务以外的目的。

第三十一条 国家建立健全统计信息共享机制，实现县级以上人民政府统计机构和有关部门统计调查取得的资料共享。制定机关共同制定的统计调查项目，可以共同使用获取的统计资料。

统计调查制度应当对统计信息共享的内容、方式、时限、渠道和责任等作出规定。

第五章　统计机构和统计人员

第三十二条 县级以上地方人民政府统计机构受本级人民政府和上级人民政府统计机构的双重领导，

在统计业务上以上级人民政府统计机构的领导为主。

乡、镇人民政府应当设置统计工作岗位，配备专职或者兼职统计人员，履行统计职责，在统计业务上受上级人民政府统计机构领导。乡、镇统计人员的调动，应当征得县级人民政府统计机构的同意。

县级以上人民政府有关部门在统计业务上受本级人民政府统计机构指导。

第三十三条　县级以上人民政府统计机构和有关部门应当完成国家统计调查任务，执行国家统计调查项目的统计调查制度，组织实施本地方、本部门的统计调查活动。

第三十四条　国家机关、企业事业单位和其他组织应当加强统计基础工作，为履行法定的统计资料报送义务提供组织、人员和工作条件保障。

第三十五条　对在统计工作中做出突出贡献、取得显著成绩的单位和个人，按照国家有关规定给予表彰和奖励。

第六章　监督检查

第三十六条　县级以上人民政府统计机构从事统

计执法工作的人员，应当具备必要的法律知识和统计业务知识，参加统计执法培训，并取得由国家统计局统一印制的统计执法证。

第三十七条　任何单位和个人不得拒绝、阻碍对统计工作的监督检查和对统计违法行为的查处工作，不得包庇、纵容统计违法行为。

第三十八条　任何单位和个人有权向县级以上人民政府统计机构举报统计违法行为。

县级以上人民政府统计机构应当公布举报统计违法行为的方式和途径，依法受理、核实、处理举报，并为举报人保密。

第三十九条　县级以上人民政府统计机构负责查处统计违法行为；法律、行政法规对有关部门查处统计违法行为另有规定的，从其规定。

第七章　法律责任

第四十条　下列情形属于统计法第三十七条第四项规定的对严重统计违法行为失察，对地方人民政府、政府统计机构或者有关部门、单位的负责人，由任免机关或者监察机关依法给予处分，并由县级以上人民政府统计机构予以通报：

（一）本地方、本部门、本单位大面积发生或者连续发生统计造假、弄虚作假；

（二）本地方、本部门、本单位统计数据严重失实，应当发现而未发现；

（三）发现本地方、本部门、本单位统计数据严重失实不予纠正。

第四十一条 县级以上人民政府统计机构或者有关部门组织实施营利性统计调查的，由本级人民政府、上级人民政府统计机构或者本级人民政府统计机构责令改正，予以通报；有违法所得的，没收违法所得。

第四十二条 地方各级人民政府、县级以上人民政府统计机构或者有关部门及其负责人，侵犯统计机构、统计人员独立行使统计调查、统计报告、统计监督职权，或者采用下发文件、会议布置以及其他方式授意、指使、强令统计调查对象或者其他单位、人员编造虚假统计资料的，由上级人民政府、本级人民政府、上级人民政府统计机构或者本级人民政府统计机构责令改正，予以通报。

第四十三条 县级以上人民政府统计机构或者有

关部门在组织实施统计调查活动中有下列行为之一的,由本级人民政府、上级人民政府统计机构或者本级人民政府统计机构责令改正,予以通报:

(一)违法制定、审批或者备案统计调查项目;

(二)未按照规定公布经批准或者备案的统计调查项目及其统计调查制度的主要内容;

(三)未执行国家统计标准;

(四)未执行统计调查制度;

(五)自行修改单个统计调查对象的统计资料。

乡、镇统计人员有前款第三项至第五项所列行为的,责令改正,依法给予处分。

第四十四条 县级以上人民政府统计机构或者有关部门违反本条例第二十四条、第二十五条规定公布统计数据的,由本级人民政府、上级人民政府统计机构或者本级人民政府统计机构责令改正,予以通报。

第四十五条 违反国家有关规定对外提供尚未公布的统计资料或者利用尚未公布的统计资料谋取不正当利益的,由任免机关或者监察机关依法给予处分,并由县级以上人民政府统计机构予以通报。

第四十六条 统计机构及其工作人员有下列行为之一的,由本级人民政府或者上级人民政府统计机构责令改正，予以通报：

（一）拒绝、阻碍对统计工作的监督检查和对统计违法行为的查处工作；

（二）包庇、纵容统计违法行为；

（三）向有统计违法行为的单位或者个人通风报信，帮助其逃避查处；

（四）未依法受理、核实、处理对统计违法行为的举报；

（五）泄露对统计违法行为的举报情况。

第四十七条 地方各级人民政府、县级以上人民政府有关部门拒绝、阻碍统计监督检查或者转移、隐匿、篡改、毁弃原始记录和凭证、统计台账、统计调查表及其他相关证明和资料的，由上级人民政府、上级人民政府统计机构或者本级人民政府统计机构责令改正，予以通报。

第四十八条 地方各级人民政府、县级以上人民政府统计机构和有关部门有本条例第四十一条至第四十七条所列违法行为之一的，对直接负责的主管人员和其他直接责任人员，由任免机关或者监察机关依法给予处分。

第四十九条 乡、镇人民政府有统计法第三十八条第一款、第三十九条第一款所列行为之一的,依照统计法第三十八条、第三十九条的规定追究法律责任。

第五十条 下列情形属于统计法第四十一条第二款规定的情节严重行为:

(一)使用暴力或者威胁方法拒绝、阻碍统计调查、统计监督检查;

(二)拒绝、阻碍统计调查、统计监督检查,严重影响相关工作正常开展;

(三)提供不真实、不完整的统计资料,造成严重后果或者恶劣影响;

(四)有统计法第四十一条第一款所列违法行为之一,1年内被责令改正3次以上。

第五十一条 统计违法行为涉嫌犯罪的,县级以上人民政府统计机构应当将案件移送司法机关处理。

第八章 附 则

第五十二条 中华人民共和国境外的组织、个人需要在中华人民共和国境内进行统计调查活动的,应当委托中华人民共和国境内具有涉外统计调查资格的机构进行。涉外统计调查资格应当依法报经批准。统计调查范围限于省、自治区、直辖市行政区域内的，由省级人民政府统计机构审批；统计调查范围跨省、自治区、直辖市行政区域的，由国家统计局审批。

涉外社会调查项目应当依法报经批准。统计调查范围限于省、自治区、直辖市行政区域内的，由省级人民政府统计机构审批；统计调查范围跨省、自治区、直辖市行政区域的，由国家统计局审批。

第五十三条 国家统计局或者省级人民政府统计机构对涉外统计违法行为进行调查，有权采取统计法第三十五条规定的措施。

第五十四条 对违法从事涉外统计调查活动的单位、个人，由国家统计局或者省级人民政府统计机构责令改正或者责令停止调查，有违法所得的，没收违法所得；违法所得50万元以上的，并处违法所得1倍以上3倍以下的罚款；违法所得不足50万元或者没有违法所得的，处200万元以下的罚款；情节严重的，暂停或者取消涉外统计调查资格，撤销涉外社会调查项目批准决定；构成犯罪的，依法追究刑事责任。

第五十五条 本条例自2017年8月1日起施行。1987年1月19日国务院批准、1987年2月15日国家统计局公布，2000年6月2日国务院批准修订、2000年6月15日国家统计局公布，2005年12月16日国务院修订的《中华人民共和国统计法实施细则》同时废止。